Annette Brahms
wurde in Hamburg geboren. Sie studierte Germanistik und Kunstgeschichte und arbeitete mehrere Jahre als Lektorin in einem Kinder- und Jugendbuchverlag, bevor sie die Seiten wechselte und selbst Autorin wurde. Heute lebt sie mit ihrer Familie in Landshut und widmet sich ganz dem Schreiben.

Heidi Förster,
1982 im Ruhrgebiet geboren, zeichnet seitdem sie denken kann. Vor einigen Jahren entdeckte sie ihre Leidenschaft für die digitale Kunst. An ihrem Grafiktablett gestaltet sie heute liebenswürdige Kinderbuchfiguren und Illustrationen für bekannte Verlage.

Annette Brahms

Der Wunschling

Wünsche schmecken nach Brausepulver

mit Bildern von Heidi Förster

SAUERLÄNDER

Aus Verantwortung für die Umwelt hat sich der Fischer Kinder- und Jugendbuch Verlag zu einer nachhaltigen Buchproduktion verpflichtet. Der bewusste Umgang mit unseren Ressourcen, der Schutz unseres Klimas und der Natur gehören zu unseren obersten Unternehmenszielen.

Gemeinsam mit unseren Partnern und Lieferanten setzen wir uns für eine klimaneutrale Buchproduktion ein, die den Erwerb von Klimazertifikaten zur Kompensation des CO_2-Ausstoßes einschließt.

Weitere Informationen finden Sie unter: www.klimaneutralerverlag.de

Weitere Informationen zum Kinder- und Jugendbuchprogramm der S. Fischer Verlage finden Sie unter: www.fischerverlage.de

Der zweite Band von „Der Wunschling" erscheint im Herbst 2023.

FSC www.fsc.org
MIX
Papier | Fördert gute Waldnutzung
FSC® C002795

Erschienen bei FISCHER Sauerländer

Layout und Satz: Michelle Vollmer, Mainz
Umschlaglayout: Stephanie Hahn, Produktmacherei

Druck und Bindung: Livonia Print, Riga
Printed in Latvia
ISBN 978-3-7373-5981-8

Inhalt

1. Nächtlicher Besuch

Theo wälzt sich in seinem Bett hin und her. Durch den Türschlitz fällt noch etwas Licht aus der Küche.
„Ob Mama und Papa auch aufgeregt sind?“, überlegt Theo.
Papa fängt morgen in seinem neuen Büro an. Mama in ihrem neuen Kindergarten. Und Theo und seine Schwester Anne in ihren neuen Schulen. Neue Stadt, neues Haus, neues alles.

Theo beugt sich aus dem Bett. „Du, Anne?“, flüstert er.

„Mhm …“, kommt es zwischen den Umzugskartons hervor. Irgendwo da unten liegt Theos große Schwester auf einer Matratze. Ihr Zimmer ist nämlich noch nicht fertig tapeziert.

„Glaubst du, wir finden hier bald neue Freunde?“

Annes Bettzeug raschelt. „Ja, na klar!"
Aus ihrem Mund hört sich das so leicht an.
Aber Anne ist auch schon elf und hat nie
Bammel. Nicht mal auf der Bühne.
Theo könnte nicht vor so vielen Leuten
Theater spielen. Aber Anne liebt es. Und
alle lieben Anne. So war das jedenfalls
bisher.

Eine Zeit lang starrt Theo stumm gegen die Decke. Plötzlich ertönt ein leises Schmatzen. „Was isst du denn da?“, erkundigt sich Theo.
Keine Antwort. Ob Anne nur im Traum geschmatzt hat?
„Hallo?“, fragt Theo vorsichtig nach.
Auf einmal glaubt er, leise Schritte zu hören. Wie das Tapsen von Pfoten.
Theo setzt sich auf. Sein Herz pocht.
Im Lichtstrahl erkennt er einen Umriss.
So groß wie seine Hand. Ist das ein Tier?
Theo macht die Augen zu und wieder auf.

Das Etwas ist verschwunden. Zur Sicherheit knipst Theo seine Taschenlampe an. Im nächsten Augenblick quiekt er erschrocken auf. Auf seiner Bettdecke sitzt ein kleines Wesen.
„Pst“, zischt es. „Nicht so laut! Du verdirbst noch alles!“
Theo kann nur staunen. So etwas Seltsames hat er noch nie gesehen: Es ist pelzig, hat grüne Strubbelhaare, eine Maulwurfsnase, lange Fledermausohren und einen Schwanz.

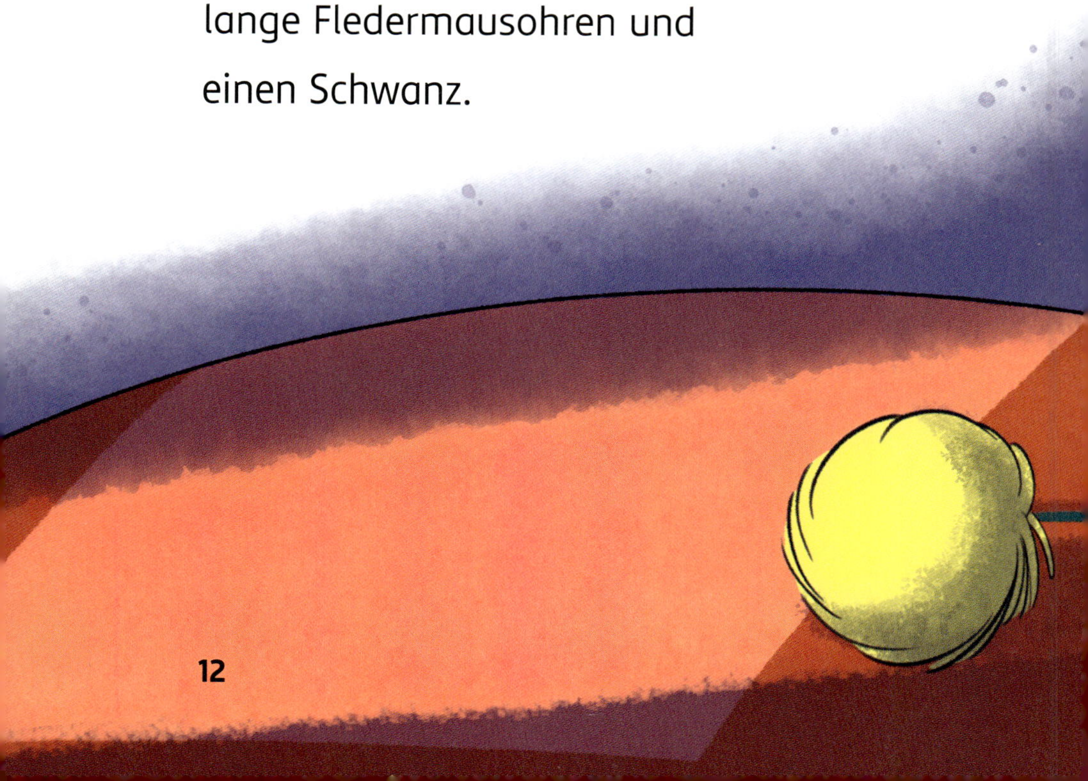

„Bist du ein Troll?“, fragt Theo, als er endlich wieder sprechen kann. „Meine Schwester hat einen mit rosa Haaren. Der kichert, wenn man auf seinen Bauch drückt!“

Das Wesen reißt empört die Augen auf. „Untersteh dich! Ich bin kein Troll. Ich bin ein Wunschling.“ Dann wird seine Stimme ganz feierlich: „Ich bin hier, weil ich der Spur deines Wunsches gefolgt bin. Sie hat so aufregend geduftet! Wie … hm, wie eine Mischung aus Brausepulver und Abenteuer!“

„Wunschling?“, fragt Theo verwirrt. „Brausepulver?“

Der Wunschling verdreht die Augen.

„Also, noch mal für alle Schnarchnasen: Wir Wunschlinge erschnüffeln Wünsche von Kindern und erfüllen sie dann. Heimlich natürlich. Das macht uns glücklich. Und das Kind auch. So weit klar, oder?"

Theo nickt gehorsam.

„Gut. Die meisten Wünsche sind pupslangweilig. Spielsachen, Klamotten, Süßigkeiten, so Zeug eben. Aber ab und zu stoßen wir auf eine ganz besondere Spur.

Eine, die anders duftet als die anderen. Interessant. Geheimnisvoll!"

„Aha“, sagt Theo.

„Ja, aha“, sagt der Wunschling. „Auf solche Wünsche sind wir ganz scharf. Um einen seltenen Wunsch zu erfüllen, würde ein

Wunschling fast alles tun. Sogar sich einem Kind zeigen. Also, hier bin ich!“ Er sieht Theo erwartungsvoll an.

„Und, äh, was muss ich jetzt tun?“, fragt Theo unsicher.

„Deinen Wunsch laut aussprechen.“ Der Wunschling wackelt mit den Ohren. „Damit ich ihn hööööre und richtig versteeehe! Sonst kann ich ihn ja schlecht erfüllen. Klar, oder?“

Theo schluckt. Klar ist ihm eigentlich gar nichts. Vor allem weiß er nicht, welchen Wunsch der Wunschling meint. Aber vielleicht kann er sich ja einfach irgendetwas wünschen?

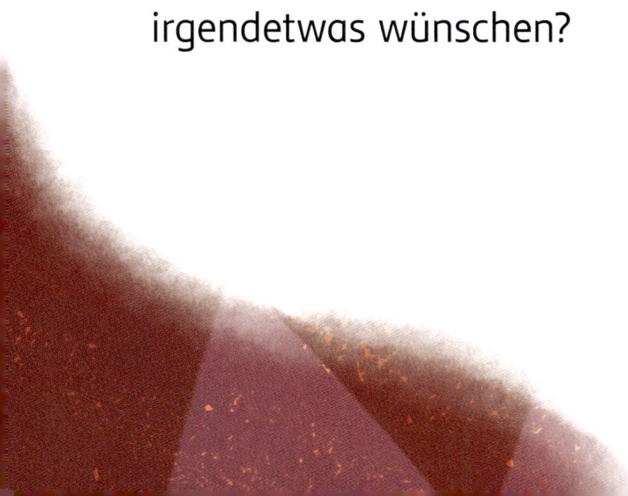

2. Wünsche ohne Ende

Theo überlegt angestrengt. „Dann, ähm, wünsche ich mir jetzt ein Spaghettieis“, sagt er. „Mit extra viel Soße! Bitte sehr!“
„Waaas?“, quiekt der Wunschling entsetzt. Doch dann kullert er mit den Augen, bläst die Backen auf, schnalzt, schmatzt, schluckt und macht ein gurgelndes Geräusch.
Es erinnert Theo an eine alte Klospülung.

„Guten Appetit", sagt der Wunschling. Theo schnappt nach Luft. „Das gibt's doch nicht!", japst er und macht sich über das riesige Eis her. Bald ist er pappsatt.
„Na, wenigstens einer von uns", murrt der Wunschling. „Hast du jetzt noch was Spannenderes auf Lager?"
Theo ist verblüfft. „Darf ich mir denn noch was wünschen?"

Der Wunschling nickt. „Aber bitte was mit Pepp, ja? Spaghettieis ist ungefähr so aufregend wie gehäkelte Topflappen."

„Okay, wenn du meinst!" Theo wird mutiger. Er wünscht sich einen Basketball, ein Superhelden-Shirt, zwei Flaschen Cola und einen ferngesteuerten Dinoroboter. Den muss er allerdings sofort wieder ausschalten, weil er so viel Lärm macht! Ein Glück, dass Anne nicht wach geworden ist!

Der Wunschling kullert mit den Augen, bläst die Backen auf, schmatzt, schnalzt, schluckt und gurgelt. Theo kann sich vor Begeisterung gar nicht einkriegen.
Der Wunschling meint nur: „Na ja, nicht gerade Brausepulver und Abenteuer! Aber fürs erste Warmwünschen ganz okay. Ab morgen wird richtig Gas gegeben. Klar?"
Dann krabbelt er in Theos Plüschmonster-Hausschuh und fängt an zu schnarchen.

Am nächsten Morgen ruft Theos Mama:
„Theo, Schule!“
Sofort ist Theo hellwach. Sein Blick fällt auf Annes Matratze. Leer. Anne duscht schon gegenüber im Badezimmer.
Dann linst Theo vorsichtig in seinen Hausschuh. Auch leer. Mist! Dann war also doch nur alles ein Traum. Der Basketball, der Dinoroboter und die anderen Sachen sind ebenfalls verschwunden. Enttäuscht wühlt sich Theo aus dem Bett.
„Heute wird Gas gegeben! Hast du versprochen!“
Theo hebt den Kopf. Auf der Lampe sitzt der Wunschling.
„Du bist ja doch noch da!“, ruft Theo erfreut.

Das Wesen springt auf Theos Bett. „Klar doch. Glaubst du, ich gebe so schnell auf?" Er schüttelt den Kopf. „Am Ende kommt noch ein anderer Wunschling daher und schnappt mir deinen Leckerwunsch vor der Nase weg. Nein, nein."

Theo legt den Kopf schief. „Ich habe aber keine Ahnung, welchen Wunsch du eigentlich meinst“, sagt er.

„Keine Sorge!“ Der Wunschling wackelt mit den Ohren. „Die besten Wünsche müssen immer erst reifen. Ist wie bei Käse. Dein Wunsch kommt zurück, garantiert. Und so lange rück ich dir nicht von der Seite! Ich brauch nur zwischendurch mal das ein oder andere Wünschlein. Zur Überbrückung! Klar, oder?“

Dagegen hat Theo nichts. „Wo sind denn die Sachen von gestern?“, erkundigt er sich.
„Hab ich im Schrank verschwinden lassen. Damit deine Eltern nichts entdecken.“
Theo nickt. „Ziemlich schlau.“
„Und mich sollte übrigens auch kein anderer entdecken“, fügt der Wunschling hinzu.
„Ein Wunschling darf sich immer nur einer einzigen Person zeigen. Sonst kann er keine Wünsche mehr erfüllen. Wäre blöd für uns beide. Klar, oder?“

In dem Moment ruft Theos Mama wieder:
„Theooo!“
Theo sieht den Wunschling fragend an.
„Kommst du mit?“
Ohne eine Antwort hüpft der Wunschling
in Theos Ranzen.

3. Ein langer kurzer Schulweg

Anne fährt mit dem Bus zu ihrer neuen Schule. Theo geht zu Fuß. Er muss bloß am Sportplatz vorbei und dann rechts.
„Noch einen allerletzten!“, quengelt der Wunschling in Theos Ranzen. „Bitte, nur einen winzigen Miniwunsch!“
Theo stöhnt auf. Sein kleiner Gast nervt ganz schön. Anscheinend braucht er zum Frühstück eine Extraportion Wünsche.
So wie Theo seine Schokoflocken mit Milch.

„Mir fällt schon gar nichts mehr ein“, murrt Theo. „Ich hab mir doch schon geputzte Zähne, schönes Wetter, Nugatcreme-Pausenbrote, Gummifrösche und gespitzte Stifte gewünscht.“
In seinem Ranzen hopst es ungeduldig auf und ab. „Los, denk nach! Gibt es denn wirklich gar nichts, das ...“
„Nein!“, unterbricht Theo ihn. „Ich weiß immer noch nichts, was mit Brausepulver zu tun hat! Ich hasse Brausepulver. Aber mein neues Shirt wäre ganz praktisch. Der Pulli kratzt.“
„Wird erledigt!“ In Theos Ranzen rumort es eifrig, das Gurgelgeräusch ist zu hören und plötzlich macht es Peng!

„Autsch!“ Theo hält sich den Kopf.
„Ist was?“, erkundigt sich der Wunschling.

„Mein Basketball ist mir gegen die Birne geknallt!“, beschwert sich Theo. „Außerdem hab ich das Shirt verkehrt herum an.“
Aus dem Ranzen kichert es. „Oh, stimmt. Ich hatte den Ball in das Shirt gesteckt. Kleine Panne! Kann mal vorkommen.“

Theo nimmt den Ranzen ab, zieht das Shirt aus und dreht es um. Erst da bemerkt er das Mädchen hinter sich.

„Ziehst du dich immer auf der Straße um?“, fragt es.

Das Mädchen hat kurze schwarze Haare und trägt eine riesige Sonnenbrille. „Cooles Shirt“, fügt es noch hinzu.

„Ich … ja“, stottert Theo nur. Na toll, das fängt ja gut an. Das Mädchen grinst breit und schiebt sich an ihm vorbei.

Auch Theo beeilt sich jetzt. Mit dem Wunschling im Gepäck hat der kurze Schulweg ganz schön lang gedauert.

„Du bleibst ruhig, verstanden?“, zischt Theo in seinen Ranzen. Die letzten Meter sprintet er zur Schule. Den Basketball hat er unter den Arm geklemmt.

„Das ist Theo", erklärt Herr Peters, der neue Klassenlehrer. „Setz dich bitte neben Lia, da ist noch ein freier Platz!"

Theo erkennt das Mädchen von eben.

„Warum hast du denn eine Sonnenbrille in der Klasse auf?", flüstert er Lia zu.

„Weil ich lichtempfindliche Augen habe", antwortet das Mädchen knapp. „Und warum hast du einen Basketball dabei und sprichst mit deinem Ranzen?"

Darauf hat Theo leider keine so schnelle Antwort.

„Spielsachen im Unterricht sind verboten“, sagt Herr Peters.
Alle lachen. Theo wird rot. Aber dann fällt ihm eine Ausrede ein: „Der Ball ist für die Klasse. Ein Begrüßungsgeschenk.“
Herr Peters verzieht den Mund zu einem Lächeln. „Schöne Geste! Da könnt ihr anderen euch ein Beispiel nehmen!“

„Wieso? Wir spielen hier Fußball“, meldet sich da ein Junge zu Wort. Theo dreht sich um. Der Junge hat braune Locken und ist ziemlich groß. Er schielt Theo herausfordernd an.

„Jetzt haben wir weder Fußball noch Basketball, sondern Mathematik“, sagt Herr Peters streng. „In der Pause könnt ihr euch immer noch einigen.“

Lia beugt sich zu Theo. „Das ist Amo Anderson“, flüstert sie. „Oder besser gesagt: Amo Angeber!“

Theo antwortet nicht. Dafür niest es aus seinem Ranzen. Alle starren ihn an. „Hatschi!“, macht Theo schnell und grinst blöde. Die anderen beugen sich über ihre Mathebücher. Nur Lia wirft Theo einen misstrauischen Blick zu. Jedenfalls glaubt Theo das. Genau erkennen kann er es nicht.

4. Amo Angeber

In der Pause lernt Theo einige seiner Klassenkameraden kennen. Emir und Tim findet er auf Anhieb nett. Aber als Amo pfeift, rennen sie gleich zu ihm.
Theo beobachtet Amo. Wenn er etwas sagt, hören ihm alle zu. Wenn er einen Witz macht, lachen alle. Er klettert richtig schnell, rennt wie der Blitz und spielt super Fußball.
„He, Neuer! Willst du auch mitspielen?“, ruft er da Theo zu.
„Ja, gerne!“, antwortet Theo.

Amo grinst ihn an. „Okay, du gehst ins Tor."
Theo ist nicht besonders gut als Torwart.
Er will lieber Stürmer sein. Das sagt er auch,
aber da verschwindet Amos Lächeln.
„Wenn du nicht ins Tor gehst, kannst du
nicht mitspielen!"
Also geht Theo ins Tor. Zum Glück hält er
heute ganz gut.
„Nicht schlecht, Mann!" Amo klopft ihm auf
die Schulter.

Als sie wieder im Klassenzimmer sitzen, meint Lia spöttisch: „Na, bist du auch schon im Amo-Angeber-Club?"

Theo zuckt bloß mit den Schultern.

In der Deutschstunde schielt er zu Amo.

Der verteilt Einladungen für eine Party.

„Wir haben einen neuen Pool", hört er ihn flüstern. „Also Badesachen mitbringen!"

Tim und Emir bekommen auch eine Einladung. Lia nicht. Aber das scheint sie nicht zu stören.

Erst als Theo etwas in seinem Ranzen rascheln hört, fällt ihm der Wunschling wieder ein. Doch der verschläft den ganzen Unterricht.
Zu Hause vor der Haustür öffnet Theo gleich seinen Ranzen. „Und, wie war's?", fragt der Wunschling.
„Ganz okay", antwortet Theo.
„Finde ich auch. Ich hab herrlich geschlafen", sagt der Wunschling und gähnt wohlig. „Aber jetzt brauch ich einen Wunsch. Ist ja schon Mittag. Also, was hast du für mich?"

Dieses Mal fällt Theo tatsächlich gleich was ein. „Ich würde gerne zu Amos Party gehen. Kriegst du das hin?"

„Willst du mich beleidigen?", fragt der Wunschling zurück.

Er kullert mit den Augen, schnalzt mit der Zunge und schmatzt. Dann gurgelt es ziemlich laut in seinem Bauch.

„Bäh, ganz schön schnodderig", meint der Wunschling. „Wie Schneckenschleim mit schlabberigen Cornflakes!"

Theo verzieht das Gesicht. Aber im Briefkasten liegt eine Einladung für ihn. Absender: Amo Anderson. Lilienstraße 6. Theo ist zufrieden. Jetzt braucht er bloß noch ein Geschenk: Vielleicht ein Fußballtrikot mit Amos Namen? Das wünscht sich Theo gleich noch dazu. Verpackt und mit Schleife.

Als Theo seine Hausaufgaben macht, schaut Anne zur Tür rein. Flink versteckt sich der Wunschling unterm Bett.

„Und, wie war dein erster Schultag?“, fragt Anne.

„Toll“, sagt Theo. „Wir haben Fußball gespielt. Und deiner?“

Anne zuckt mit den Schultern. „Es gibt keine Theatergruppe“, sagt sie. Da entdeckt sie die Einladung. „Von wem ist die?“

„Von Amo“, antwortet Theo. „Der geht in meine Klasse.“

Anne schluckt, dann lächelt sie. „Freut mich für dich!“

Kaum ist sie verschwunden, schießt der Wunschling vor Theo. „Die Duftspur von gestern!“ Er schnüffelt aufgeregt. „Da ist sie wieder! Schnell: Woran denkst du gerade?“

„An meine alte Badehose“, antwortet Theo. „Und dass ich für die Party eine neue brauche!“

Der Wunschling stöhnt auf. Trotzdem schmatzt und gurgelt er gehorsam. Plötzlich sitzt Theo in einem lila Badeanzug mit Blümchen auf seinem Stuhl.
„He, was soll das?“, ruft er empört. Schnell befreit er sich aus dem zwickenden engen Ding.

„Ups, knapp daneben!“, murmelt der Wunschling.

Theo wirft den Badeanzug zu dem Dinoroboter in den Schrank. Dann versucht er es noch mal: „Ich wünsche mir eine blaue Badehose auf mein Bett“, sagt er. Extra deutlich für alle schusseligen Wunschlinge dieser Welt. Und es klappt!

5. Partynachmittag

Die nächsten Tage werden ziemlich anstrengend für Theo. In der Pause muss er weiterhin der Torwart sein.
„Mann, wenn du so kacke spielst, fliegst du aus meinem Team“, blafft ihn Amo an. Bloß, weil Theo zweimal nicht hält.

Und der Wunschling ist auch keine Hilfe.
Im Gegenteil: Er wird immer quengeliger.
Ständig will er von Theo neue Wünsche.
Und ständig geht beim Erfüllen was schief:
Die Legosteine aus den Umzugskartons
landen bei Papa in der Badewanne. Die
Ninja-Figuren in Mamas Suppenteller.

Anne ist sauer, als sie Theos Stinkesocken in ihrem Schmuckkästchen findet. Und als sich Theo die Deutsch-Hausaufgabe wünscht, steht in seinem Heft: „Herr Peters ist zum Knuddeln! Er hat goldige Hamsterbacken und mümmelt so süß. Ich hab ihn lieb!“

Dabei sollte Theo eigentlich sein Lieblingstier beschreiben.

„Was soll der ganze Mist?“, schimpft Theo. „Willst du mich ärgern? Ich dachte, du tust mir was Gutes und jetzt …“

„Das liegt an deinen lahmen Wünschen“, meckert der Wunschling zurück. „Die sind zum Gähnen. Zäh wie ausgekauter Kaugummi.
Blabla-Wünsche! Ich brauche Brausepulver und Abenteuer!“
Die Stimmung zwischen den beiden ist ziemlich mies.
Aber nicht mal, als Theo sich tatsächlich ein Tütchen Brausepulver wünscht, ist sein Gast zufrieden. „Das war ein geschwindelter Wunsch!“, motzt er.
„Nur so dahingerotzt! Und genauso schmeckt er auch!
Pfui, bäh,
schäm dich!“

Verzweifelt wünscht sich Theo noch ein paar Spielsachen. Doch mit denen kann er ja gar nicht viel anfangen. Nur sie verstecken, damit Mama und Papa nicht misstrauisch werden.

Am liebsten würde er sie wieder loswerden. Aber etwas Gewünschtes wegwünschen funktioniert nicht, erklärt ihm der Wunschling. Wunschlingsgesetz! Na toll!

Eines Morgens überlegt Theo genervt, ob er den Wunschling nicht einfach wegwünschen soll. Der Quälgeist hat ihn dreimal geweckt und wollte Wünsche. Jetzt. Sofort. Auf der Stelle!
Aber das traut sich Theo dann doch nicht. Was, wenn am Ende zwanzig neue Wunschlinge erscheinen?!

Endlich ist der Nachmittag von Amos Party da. Weil Amo gleich bei der Schule wohnt, darf Theo allein hinlaufen.
Mit dem Geschenk unterm Arm macht er sich auf den Weg. Der Wunschling steckt mit der Badehose im Rucksack.
In der Lilienstraße sucht Theo nach der Hausnummer 6.
„Hä? So ein altes, winziges Häuschen!“, wundert sich Theo. „Ich hatte mir Amos Haus ganz anders vorgestellt!“
Selbst die Buchstaben auf dem Namensschild sind verblichen. Aber es hängen viele bunte Luftballons vor der Tür.
„Los, worauf wartest du?“, zischt der Wunschling.
Theo klingelt. Ein paar Sekunden später öffnet Lia die Tür.

„Hey, ich hab dich schon aus dem Fenster gesehen“, ruft sie fröhlich. „Aber ich dachte, du bist auf dem Weg zu Amo. Der wohnt gegenüber: in der Angebervilla, Nummer 9!“

Damit nimmt sie dem verblüfften Theo das Geschenk aus der Hand. „Oh, hatte ich dir erzählt, dass Oma Geburtstag hat?"
„Ähm, hmpf …!" Mehr bringt Theo nicht heraus. Er schielt zu Amos Villa: Sie ist gigantisch und von einem Park umgeben.
„Also eigentlich wollte ich ja …", setzt er an.

Aber Lia ist schon mit dem Geschenk im Haus verschwunden. Theo bleibt nichts anderes übrig, als hinterherzutrotten.

„Wir haben noch einen Gast, Omi!“, sagt Lia zu einer kleinen alten Frau in einem riesigen Sessel. Drei andere alte Damen sitzen auf einem Sofa und nicken Theo strahlend zu.

„Das ist Theo. Er hat dir was mitgebracht!“ Lias Oma freut sich und wickelt das Geschenk aus.

„Oh nein“, denkt Theo. Aber als die Oma das Trikot hochhält, steht da nicht AMO, sondern OMA!

„Volltreffer“, quiekt Lia. „Oma ist ein großer Fußballfan!“

Lias Oma zieht das Trikot über. Die Damen kichern entzückt.

Theo ist noch einen Moment lang baff. Dann muss er auch loslachen.

Langsam versteht er, was passiert ist: Der schusselige Wunschling hat die 6 und die 9 verwechselt und außerdem AMO falsch herum aufs Trikot gewünscht.

„Kuchen?“, fragt die Oma freundlich.
Theo will nicht unhöflich sein. „Okay, ein Stück“, sagt er. Anschließend kann er ja immer noch zu Amo rübergehen.
Aber weil der Kuchen so lecker ist, verputzt Theo gleich vier Stücke. Anschließend will die Oma Blindekuh spielen. Alle haben Spaß. Obwohl Lias Oma Theo einmal an der Nase erwischt und ordentlich zupackt.

„Willst du ein paar Bälle werfen?“, fragt Lia später.
„Klar!“ Theo nickt begeistert. Lia hat draußen einen eigenen Basketballkorb.
An Amo denkt Theo gar nicht mehr. Und der Wunschling schläft friedlich in Theos Rucksack.
Erst als es dunkel wird, geht Theo heim.
„Wie war denn die Party?“, erkundigt sich Mama.
„Super“, antwortet Theo gut gelaunt.
Er vergisst sogar, mit dem Wunschling zu schimpfen. Obwohl der ja wirklich so ziemlich alles durcheinandergebracht hat.

6. Die Wunschspur

Theo schläft schon, als ihn der Wunschling in den Zeh kneift.
„Autsch!“ Theo fährt erschrocken hoch.
„Was ist denn?“
„Abenteuer! Brausepulver“, flüstert der Wunschling. „Da ist die Duftspur!“
Er schnuppert gierig.

Theo reibt sich verzweifelt die Augen. Es reicht! Dann wird er die Nervensäge eben doch wegwünschen! Doch gerade als er ansetzen will, quietscht nebenan eine Tür. Und dann ... hört Theo leises Schluchzen. „Das ist ja Anne! Sie weint!", flüstert Theo bestürzt. Zusammen mit dem Wunschling schleicht er auf den Flur und lauscht. Anne schaut sich etwas auf ihrem Handy an: einen Film von ihrer früheren Theatergruppe.

Und da, plötzlich, fällt es Theo wie Schuppen von den Augen. Er packt den Wunschling und schleicht zurück in sein Zimmer.

„Die Spur kam gar nicht von mir", sagt er aufgeregt. „Sondern von Anne. Sie hat hier auf dem Boden geschlafen, als du zu mir gekommen bist!"

Der Wunschling reißt fragend die Augen auf.

„Anne wünscht sich ihre Theatergruppe zurück", erklärt Theo. „Sie liebt Theaterspielen. Sie sagt immer, auf der Bühne zu stehen ist wie ein großes Abenteuer. Es kribbelt dann so herrlich in ihrem Bauch. Wie …"

„Brausepulver", vollendet der Wunschling Theos Satz. Dann kichert er los. „Nein, so etwas! Hihihiiii, Wunschspur verfehlt!"

Aber Theo ist gar nicht zum Lachen zumute. Er mag nicht, dass Anne traurig ist. Er wünschte, er könnte ihr helfen!

Plötzlich fängt der Wunschling wieder an zu schnüffeln. „Die Spur … Ganz nah, ganz deutlich!“, flüstert er. „Ein bisschen anders. Aber köstlich, seeehr köstlich!“
Er schnuppert an Theo herum und nickt. „Irrtum ausgeschlossen! Die kommt eindeutig von dir! Los, trau dich! Sag mir deinen Wunsch!“

Theo starrt den Wunschling verdutzt an. Aber dann breitet sich ein Lächeln auf seinem Gesicht aus. Er hat ja wirklich einen Wunsch. Einen richtigen. Er öffnet den Mund und sagt:
„Ich wünsche mir, dass Anne wieder Theater spielen darf!"
Kaum hat er die Worte ausgesprochen, geht ein Strahlen über das Gesicht des kleinen Wunschlings. „Endlich!", seufzt er.

7. Wunschlos glücklich

Theo weiß nicht, wie und wann er eingeschlafen ist. Aber als seine Mutter ihn weckt, schnarcht der Wunschling immer noch in Theos Hausschuh. Selbst als Theo ihn am Schwanz zupft, murmelt er nur: „Brausepulver!“ Und schläft einfach weiter. Theos Wunsch muss ihn ziemlich müde gemacht haben. „Hoffentlich geht er auch in Erfüllung!“, denkt Theo.

Anne läuft wie jeden Morgen zur Bushaltestelle. Auch Theo muss los. Das erste Mal ohne den Wunschling im Ranzen. Dafür wartet Lia schon vor der Schule. „Hast du später Zeit?“, fragt sie. „Ich will dir meine Detektivausrüstung zeigen!“
„Cool“, sagt Theo. „Ich komm am Nachmittag rüber!“

In der Pause nimmt Amo Theo beiseite.
„He, Mann, streng dich heute bloß an, klar?"
Aber da antwortet Theo: „Mir ist nicht nach Fußball. Du musst dir einen anderen Torwart suchen." Damit schnappt er sich den Basketball aus dem Spielzeugschuppen und zieht ab.
„Ich komm mit!", ruft Lia und saust hinterher.

Eine Weile werfen sie zu zweit Bälle. Plötzlich schlendern Tim und Emir dazu. „Können wir auch mitmachen?“, fragen sie. Theo grinst und spielt ihnen als Antwort einfach den Ball zu.

Als er mittags nach Hause kommt, trifft Theo vor der Tür Anne. Ein Mädchen ist bei ihr. Beide kichern zusammen.

„Theo, das ist Rika!“, stellt Anne das Mädchen vor. „Unsere Direktorin will eine Theatergruppe gründen. Rika und ich sollen ihr helfen. Weil wir beide schon Erfahrung haben.“

Anne sieht so glücklich aus, dass es in Theos Bauch kribbelt. „Wie Brausepulver“, denkt er vergnügt. Dann rennt er in sein Zimmer. Ob der Wunschling inzwischen wach ist? Oder am Ende … verschwunden? Puh! Nein, da sitzt er auf der Lampe. Theo ist erleichtert. Obwohl er sich den kleinen Quälgeist doch vor Kurzem noch weit weg gewünscht hat!

„Echt verrückt", denkt Theo. „Gerade wegen der vielen Wunschpannen ist alles gut geworden!"
Der Wunschling blinzelt. „Alles okay bei dir?"
Theo nickt. „Aber wie geht es denn jetzt weiter?"

Der Wunschling zuckt mit den Schultern. „Normalerweise verschwinde ich wieder. Wunsch gehört, Wunsch erfüllt, Wunschling glücklich, Kind glücklich, Wunschling zischt ab!“

Theo spürt einen Kloß im Hals. „Und wenn …“ setzt er an.

„Wenn was?“, hakt der Wunschling nach.

„Wenn ich mir wünsche, dass du bleibst?“, fragt Theo zaghaft.

Der Wunschling klimpert mit den Augen.
„Na ja, das … das würde schon gehen“, stammelt er verlegen. „Aber hast du dir das auch gut überlegt? Immerhin können Wunschlinge ziemlich nerven. Und außerdem wäre es …“
„Für immer!“, unterbricht Theo ihn und lacht. „Etwas Gewünschtes wegwünschen geht nicht. Klar, oder?“
Der Wunschling kichert. „Du hast es kapiert, Schnarchnase!“

Dann sagt Theo laut und deutlich: „Ich wünsche mir, dass du bleibst. Für immer!“
Der Wunschling kullert mit den Augen, schnalzt, schmatzt und gurgelt. Dann rülpst er leise. „Mmh, lecker!“, sagt er.
Theo lächelt. „Heißt das, du bist genauso glücklich wie ich?“
Der Wunschling springt auf Theos Schulter. „Wunschlos glücklich“ seufzt er. „Jedenfalls erst mal!“

Leserätsel

1. Wie geht der Satz weiter?

In der Pause lernt Theo …	… großer Fußballfan!
Spaghettieis ist so aufregend wie …	… zum knuddeln!
Herr Peters ist …	… dass du bleibst. Für immer!
Ich wünsche mir, …	… gehäkelte Topflappen.
Oma ist ein …	… seine Klassenkameraden kennen.

2. Was würdest du dir von einem Wunschling wünschen? Male hier oder auf einem extra großen Blatt.

3. Was wünscht sich Theo so alles vom Wunschling? Findest du die Dinge hier im Buchstabengitter wieder?

B	A	S	K	E	T	B	A	L	L	V
X	V	R	P	I	K	U	X	D	N	E
W	E	Z	Z	N	Q	R	C	X	E	Q
M	L	Y	C	L	S	W	V	Z	M	O
X	C	O	L	A	W	O	H	A	B	I
Q	I	T	D	D	T	N	I	C	M	X
A	A	X	B	U	Y	W	Y	P	L	Z
O	J	R	R	N	X	S	H	I	R	T
F	V	Q	S	G	H	B	J	L	H	E
W	I	I	M	X	T	E	E	W	S	Q
C	T	P	R	O	B	O	T	E	R	X

4. Ja oder nein?

	ja	nein
Wünschlinge erschnüffeln Wünsche mit ihrer Nase		
Langweilige Wünsche schmecken besonders gut		
In der Pause spielen die Jungs Fußball		
Amos Spitzname ist Alleskönner		
Amo wohnt in der Lilienstraße Nr. 15		
Lias Oma ist ein Fußballfan		
Annes neue Freundin heißt Rika		

LÖSUNGEN:

1. Wie geht der Satz weiter?

Spaghettieis ist so aufregend wie – gehäkelte Topflappen.
In der Pause lernt Theo – seine Klassenkameraden kennen.
Herr Peters ist – zum Knuddeln!
Oma ist ein – großer Fußballfan!
Ich wünsche mir, – dass du bleibst. Für immer!

3.

B	A	S	K	E	T	B	A	L	L	V
X	V	R	P	I	K	U	X	D	N	E
W	E	Z	Z	N	Q	R	C	X	E	Q
M	L	Y	C	L	S	W	V	Z	M	O
X	C	O	L	A	W	O	H	A	B	I
Q	I	T	D	D	T	N	I	C	M	X
A	A	X	B	U	Y	W	Y	P	L	Z
O	J	R	R	N	X	S	H	I	R	T
F	V	Q	S	G	H	B	J	L	H	E
W	I	I	M	X	T	E	E	W	S	Q
C	T	P	R	O	B	O	T	E	R	X

4. Ja oder Nein?

Wünschlinge erschnüffeln Wünsche mit ihrer Nase – ja
Langweilige Wünsche schmecken besonders gut – nein
In der Pause spielen die Jungs Fußball – ja
Amos Spitzname ist Alleskönner – nein
Amo wohnt in der Lilienstraße Nr. 15 – nein
Lias Oma ist ein Fußballfan – ja
Annes neue Freundin heißt Rika – ja